AMÉDÉE PIGEON

L'AMOUR
DANS LES ENFERS

COMÉDIE

*Représentée sur le Petit Théâtre des Marionnettes
(Salle Vivienne) le 25 janvier 1892*
Décor de M. Franck LAMY, musique de M. Paul VIDAL

PARIS

ERNEST KOLB, ÉDITEUR

8, RUE SAINT-JOSEPH, 8

L'AMOUR

DANS LES ENFERS

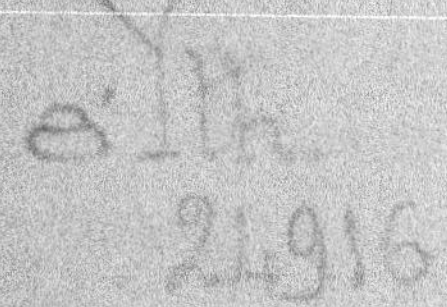

AMÉDÉE PIGEON

L'AMOUR
DANS LES ENFERS

COMÉDIE

Représentée sur le Petit Théâtre des Marionnettes
(Salle Vivienne) le 25 janvier 1892

Décor de M. Franck LAMY, musique de M. Paul VIDAL

PARIS

ERNEST KOLB, ÉDITEUR
8, RUE SAINT-JOSEPH, 8

A MON AMI HENRI SIGNORET

PROLOGUE, *dit par* Pierrot

Mesdames et Messieurs, pardon d'être si pâle :
Je viens pour vous conter une histoire immorale,
Une histoire terrible, une histoire d'amour.
Je suis mort, enterré. Mes yeux privés de jour
Sont tout épouvantés de voir tant de lumière.
Je voudrais cependant vous faire une prière :
Écoutez jusqu'au bout ce drame. Car la fin
Est morale, sinon le drame même. Enfin,
Souffrez que le rideau retombe pour conclure.
Je vais me mettre un peu de blanc sur la figure
Et répéter mes vers. Arlequin sait les siens :
Dans un moment je suis à vous et je reviens.

SCÈNE PREMIÈRE

Le décor représente les Enfers.

PIERROT

Quand j'habitais la terre et que j'étais vivant,
Pendant les jours d'ennui j'ai souhaité souvent
D'être mort et d'aller dans un endroit paisible
Où vivre sans soucis serait enfin possible.
Me voici transporté dans un de ces lieux-là.
Tout est très calme ici : tout repose. Voilà
La fontaine dont l'eau donne à tous la sagesse.
Partout, autour de moi, des fleurs dans l'herbe épaisse ;
De quoi faire un bouquet pour Colombine. — Oh ! non.
Je ne dois plus savoir ni prononcer ce nom,
Colombine ! Pendant que j'étais sur la terre
La traîtresse me fit assez longtemps la guerre :
Oublions-la. Je vis dans l'Ile du Repos.
Comme ces noirs cyprès et ces chênes sont beaux,
Quels beaux rêves on fait sous leur ombrage sombre !
Ah ! que je suis heureux ! Mon bonheur n'a qu'une om-
[bre :

Les enfers sont très beaux, mais ils manquent de vin.
Ah ! si l'on y trouvait du vieux bourgogne... Enfin !
On ne peut tout avoir. Il faut qu'on se contente.
Mais que vois-je ? Là-bas s'avance une ombre lente :
Je ne me trompe pas... Non... C'est bien Arlequin.
Vient-il me tourmenter encore, le coquin ?
Il s'avance vers moi, léger comme un fantôme !

SCÈNE II

ARLEQUIN, PIERROT

ARLEQUIN.

Pierrot ! — Habites-tu dans ce sombre royaume
Où tous les gens qu'on voit ont l'air blêmes et froids ?

PIERROT.

Arlequin, m'y voici bientôt depuis six mois.

ARLEQUIN.

Qu'y fais-tu ?

PIERROT.

            Moi ? J'y dors et rêve. J'imagine
Que j'y suis amoureux encor de Colombine
Et que pour moi toujours elle se meurt d'amour.

ARLEQUIN.

Tu ne te trompes pas, maître Pierrot. Le jour
Où, le froid redoublant soudain, nous te perdîmes
(Le destin quelquefois s'amuse à de tels crimes)
Colombine poussa des sanglots déchirants ;
Puis, dès le lendemain, elle acheta des gants
Tout noirs, et sous ces gants cacha ses mains fort blanches.

PIERROT.

Elle me regrettait !

ARLEQUIN.

            On te vêtit de planches
Et l'on te descendit, pour y prendre le frais,

Dans un caveau profond et pour toi fait exprès :
Un homme t'y glissa par une longue corde.
Colombine pleurait très fort.

PIERROT.

                    Miséricorde.
Elle pleurait !

ARLEQUIN.

          Je crois même qu'elle pleura
Huit ou dix jours, au moins; puis le temps opéra
Une diversion dans son esprit.

PIERROT.

                    Sans doute
Elle fut se cloîtrer ?

ARLEQUIN.

          Le hasard sur sa route
Mit un homme tout jeune, et de tous points charmant,
Valère, qui servait dedans un régiment,
Et qui jurait, buvait, faisait le diable à quatre.

PIERROT.

Je devine. Grands dieux ! que ne puis-je la battre !
Un bâton ! Un bâton !

ARLEQUIN.

                Quel drôle ! n'est-ce pas ?
Enfin moi-même, un soir, à la fin d'un repas
Qui fut très gai, ma foi, j'offris à la coupable
Mon bras !

PIERROT.

        Toi !... Vous !... Tous deux !... Mais c'est épou-
                                [vantable.

ARLEQUIN.

Son goût pour le soldat s'était bien refroidi :
Je pensais...

PIERROT.

        Et tu viens me le dire, bandit !

ARLEQUIN.

Mais tu ne vivais plus, Pierrot. Pâle, farouche,
Tu dormais. Un bandeau de lin serrait ta bouche.

PIERROT.

C'est vrai, mais...

ARLEQUIN.

                On n'est plus trompé quand on est mort,
Et puis j'avoue ici que j'avais un peu tort.
Pardonne-moi. Surtout, mets-toi bien à ma place :
Mais pourras-tu comprendre, étant tout fait de glace,
Tout ce qui me brûlait de flamme dans le corps.
Elle me fit passer plus de vingt nuits dehors.
                    (Pierrot donne des signes de joie.)
Soupirant, et jouant sans fin des sérénades.
Mon corps se dessécha. Je devins si malade
Qu'après un fort long temps elle eut pitié de moi.
Hélas! si j'étais mort, Pierrot, qui sait si toi,
Oui, toi, l'homme candide et tout blanc, si toi-même
Tu n'aurais pas cherché partout quelqu'un qui t'aime,
Et si, par un beau soir, ma sensible moitié
Ne t'aurait pas, voyant tes pleurs, pris en pitié.
                    (Pierrot semble à demi persuadé.)

Pour m'excuser enfin, chère ombre, il faut te dire
Qu'en ma maison j'avais souffert un long martyre.
Martine m'en faisait voire de dures. La nuit
Sa querelleuse humeur me donnait de l'ennui.

PIERROT, *riant*.

Ah! ah !

ARLEQUIN.

                Quoi, mon ami, mon malheur te fait rire !
Tu rirais plus encore si je pouvais te dire
Tout ce que j'ai souffert auprès de ce démon.
Je fis le sot, ainsi que tous les hommes font.
Je l'épousai, croyant près de moi mettre un ange,
Elle m'aima deux mois. — Puis un soir, chose étrange,
Un Valère, ou quelqu'un de ces beaux messieurs-là,
Lorsque j'étais dehors, leste, me la vola.
Heureusement pour moi je connus Colombine :
Je divorçai, joyeux. J'abandonnai Martine.
Mais que pour nous, Pierrot, le sort est rigoureux !
A peine commençais-je à me sentir heureux
Que le malheur soudain fondit sur moi. La vie,
Que j'aimais à goûter enfin, me fut ravie :
Je mourus comme toi, mon cher. Et me voici.

PIERROT.

C'est bien. Oublions tout. Donne ta main. Ici
On ne doit plus songer aux choses de la terre.
Il faut les oublier, lorsque l'on veut s'y plaire.
Mais dis-moi, que fait-on chez les humains, là bas?

ARLEQUIN.

On n'y fait rien de bon ni rien d'honnête, hélas !
Ah! les hommes, Pierrot, quelle maudite engeance!

PIERROT.

Tandis qu'ici rien que le repos, le silence :
On rêve, on est heureux !

ARLEQUIN.

                Mais... après, que fait-on ?

PIERROT.

On regarde couler le large Phlégéton
Qui dans de grands prés verts déroule son eau pâle.

On se sent tout rempli d'une paix idéale.
Tout ce qui vit ici marche en baissant les yeux.
Les gens que nous avons sont tous si sérieux !
Ce n'était pas ainsi sur terre. J'imagine
Parfois ce que pourrait bien dire Colombine
Si la mort un matin l'amenait parmi nous.
Les hôtes des enfers sont graves ; ils sont doux.
Platon vit parmi nous : sa barbe est longue, épaisse.
Il inonde les morts de sa grande sagesse.
Il leur prêche l'oubli, l'innocence, la paix.

ARLEQUIN.

Platon !

PIERROT.

Oui, c'est un vieux encore alerte et frais.
Il se promène avec un autre vieux, Socrate,
Un petit, gros et court... une figure ingrate,
Un nez drôle, amusant... tu sais, l'un de ces nez
Qui font se retourner les passants étonnés.

ARLEQUIN.

Platon ! Le grand Platon !

PIERROT.

                  Oui ; Socrate est son maître.
Ils ont étudié tout, voulant tout connaître,
Ce qu'ils disent, mon cher, est d'un drôle à mourir.
Ah ! si tu les voyais aller et revenir,
Disputer, rabâcher, tu te tordrais de rire.

ARLEQUIN.

Bah ! que disent-ils donc ?

PIERROT.

                  Platon songe, soupire
S'arrête, puis, serrant la main de son ami,
Lui dit... (Pour lui l'amour est le grand ennemi ;
Il le hait.) Mais voici le grave philosophe
Qui vient vers nous. Veux-tu savoir de quelle étoffe
Est faite leur sagesse, écartons-nous. Voici
L'un deux.... Non, tous les deux, ils viennent par ici,
Cachons-nous, écoutons.

ARLEQUIN.

Ne parlons plus ! Silence !

PIERROT.

De ses doigts blancs Platon touche son front qui pense.
Il va parler... Tâchons de rester sérieux.

ARLEQUIN.

Regarde-les venir. Ah! les deux pauvres vieux !

SCÈNE III

PLATON, SOCRATE, ARLEQUIN, PIERROT

PLATON.

Que pensez-vous qu'on fasse à présent dans Athènes,
Socrate? et de quel train vont les choses humaines,
Tandis que chez Pluton, paisibles, nous rêvons?

SOCRATE.

On achète des fleurs, et les jeunes garçons
Rêvent d'en couronner le front de leurs maîtresses.

PLATON.

Mais nous, nous ignorons l'amour et ses tristesses.

SOCRATE.

Aussi, je me sens vieux et trouve les jours lents.

PLATON.

Quoi! vous parlez ainsi que les jeunes amants!
Regrettez-vous l'amour, et trouviez-vous la vie
Si belle?

SOCRATE.

Tout amant me semble heureux. J'envie
Son sort en ces lieux froids où nous garde Pluton.

PLATON.

Mais, voyez : sur la terre, ami, trouverait-on,
Pour y rêver un lieu plus beau que cette allée
D'arbres se rejoignant par leurs branches. Voilée

Par de longs roseaux verts, une source là-bas
Coule, et ces mille fleurs que l'on ne cueille pas
Embaument l'air qui passe en cette solitude.

SOCRATE.

C'est vrai. Mais sans l'amour et son inquiétude
Pourquoi les fleurs?

PLATON.

Là-bas, sous ces arbres épais
On chante :

CHŒUR.

Est-il si dur de ne plus vivre?
Dans ces lieux habite la paix.
Fleuve pâle, il est doux de suivre.
Tes détours en ces bois épais,
Là-bas la vie était trop dure :
Ici c'est l'Innocence pure
Montrant son sourire ingénu.
Oui, l'âge d'or est revenu.

Ici, plus doucement on aime :
On rêve ici paisiblement.

C'est dans le sein du bonheur même
Que l'amante cherche l'amant.
Le cœur n'a plus d'inquiétude.
Délices de la solitude,
Oh ! qui saura vous exprimer !
Dans les enfers on sait aimer.

SCÈNE IV

ARLEQUIN, *montrant Socrate à Pierrot.*

Ah! que le gros parle bien! Vois son nez
Tout petit, ses bons yeux. Il a l'air d'un brave homme.

PIERROT.

Je me sens tout surpris de les comprendre. Comme
On devient sage en écoutant!

. ARLEQUIN.

Le gros me plaît vraiment. Il a l'air si content!

PIERROT.

Imitons-les, mon cher, et devenons deux sages.

ARLEQUIN.

Si les femmes, Pierrot, n'avaient pas ces corsages
Rebondis, et ces mains, et ce front, et ces yeux,
Bien sûr, on serait sage, et l'on vivrait bien mieux.

PIERROT.

Quoi ! ce souvenir-là te trouble et t'inquiète !

ARLEQUIN.

Que veux-tu ? J'ai toujours Martine dans la tête,
Et Colombine aussi m'empêche de dormir.
Il me semble parfois que je les vois venir
Avec leurs yeux rieurs et leur mine agaçante.
Sur les fous comme moi la femme est bien puissante.
Ah ! Pierrot, je t'envie, et je te trouve heureux
De n'être même plus tenté d'être amoureux.
Moi, j'ai beau faire tout pour oublier la vie,
J'en tiens encore. J'aurais envie
De ne plus être mort, et d'aller voir là-bas...

PIERROT.

Tu voudrais me quitter? Ne m'abandonne pas :
Sans toi la vie ici me paraîtra si lente.

ARLEQUIN.

Je reviendrai te voir. Colombine me tente,
Et Martine, vois-tu, Martine avait des yeux !
PIERROT.
Parler de tout cela n'est pas bien sérieux :
Philosophons plutôt. Je vais parler. Écoute :

ARLEQUIN.

J'écoute.

PIERROT.

Oui la femme est gentille, sans doute.
Et mignonne, et coquette, et l'on voit dans sa chair
Bien des appâts tentants. Mais c'est ne voir pas clair
Que de fermer les yeux sur ses défauts. La femme,
Arlequin, n'a pas de bon sens et n'a pas d'âme.
La femme, vois-tu bien, c'est là le châtiment

De l'homme ; et même toi, qu'elles trouvaient charmant
Elles t'ont bien trompé pour ce sot de Valère.
La femme, c'est les cris, la haine, la colère ;
C'est le désordre, c'est la ruine, les procès,
Les rires sans motifs, suivis de longs accès
De tristesse. La femme, Arlequin, c'est la ruse,
Des cœurs sans vérité, des fautes sans excuse.
La femme, mon ami, c'est pour notre péché
Que son corps faible fut à nos corps attaché.
La femme ! c'est avoir chez soi la comédie
A toute heure... c'est une artiste en perfidie.
La femme !... Oui, c'est vrai. Mais on paye trop cher
Quelques vains agréments. Et qu'est cela, mon cher,
Auprès des doux propos qu'on se tient dans cette ombre.

ARLEQUIN.

Tu parles bien, Pierrot. Mais moi, je deviens sombre,
Hargneux, chagrin, quinteux, s'il me manque un baiser.

PIERROT.

Loin d'elles n'est-il pas bien doux de reposer
Dans ce lieu que n'émeut aucun bruit de querelle ?

ARLEQUIN.

Oui, mais Martine, ami, si tu la voyais telle
Que je la vis venir lorsque je l'épousai :

Elle avait de grands yeux si doux, le teint rosé,
Le geste encourageant, le parler gai, l'air tendre.
Quand elle babillait, vive, on croyait entendre
Dans un bocage ombreux la voix d'un rossignol.
Son pied fin se posait à peine sur le sol ;
Elle tournait, allait, voletait si légère
Que l'on eût dit, au bois, sur un lit de fougère
Les insectes brillants que voit un jour d'été.
Tout son corps semblait fait d'un duvet velouté
Dont le toucher faisait tressaillir jusqu'à l'âme.
Ah ! si tu la voyais, tu saurais que la femme
Dût-elle avoir un jour Valère pour amant
Même quand elle trompe est un être charmant.

PIERROT.

Colombine était fausse, et Martine elle-même...

ARLEQUIN.

Oui, mais cela n'est rien, mon Pierrot, quand on aime.
Une femme peut bien tromper, ruser, mentir.
Jouer l'amour, jouer même le repentir,
Quand on en est coiffé, vois-tu !

PIERROT.

      Pauvre cervelle !
Tu ne sens pas combien la sagesse est plus belle.

ARLEQUIN.

La sagesse, Pierrot ? mais c'était de la voir
Disputer, quereller, de suivre son œil noir
Errant, malicieux, sur les choses vivantes.
Même alors que sa voix tourmentait les servantes,
Faisait battre les gens, faisait un bruit d'enfer,
C'était charmant encore de l'écouter. Son air
De se moquer de tout, Pierrot, donnait l'envie
De lui faire gaiment abandon de sa vie.

PIERROT.

Pauvre fou malheureux, mais tu n'es pas guéri !

ARLEQUIN.

Je crois que non, Pierrot. Hélas ! je n'ai plus ri
Franchement depuis que j'ai quitté cette terre
Où j'eus, tout comme toi, mainte mauvaise affaire.
Même quand Colombine un soir me repoussa
Je me sentais vivant...Enfin, j'aimais mieux ça
Que ce calme endormant, tout ce bonheur minable.
Puis, certains soirs, Pierrot, Martine était aimable,
Charmante. Ah ! pour ces soirs je donnerais, vois-tu,
Et Socrate et Platon...tout, même ta vertu.

PIERROT.

Je pèse tes raisons... Tu n'as pas tort, peut-être.
C'est vrai que chez les morts c'est un peu froid. Con-
[naître

La sagesse est un sort qui peut tenter d'abord
Mais je n'ai guère ri depuis que je suis mort,
Et ne t'entendre plus, ô voix de Colombine,
C'est dur.

ARLEQUIN.

      C'est enrageant d'être loin de Martine.
Coupable, elle fait naître en moi mille regrets.
Si nous nous retrouvions, je lui pardonnerais.
Toutes ces choses-là sont possibles sur terre.

PIERROT.

Tandis qu'ici on n'a qu'à rêver et se taire.
Si nous étions là-haut!

ARLEQUIN.

      Oui, si nous revivions !
Si tout près du soleil et sous ses chauds rayons

Nous pouvions bavarder en paix avec nos femmes,
Si nous pouvions mêler nos âmes à leurs âmes
Et nos yeux à leurs yeux, Arlequin, ce serait
Le bonheur. On vivrait, en somme !

ARLEQUIN.

L'on rirait.

PIERROT.

On ne sait pas assez ce que c'est que de vivre.
Manger de fins morceaux, et tous les jours être ivre,
Hein ! mon cher ?

ARLEQUIN.

Ah ! Pierrot, voilà la vérité !
Les Enfers, c'est trop calme ; et nous avons été
Deux sots de nous laisser choir en cette ombre épaisse.
Demandons à partir.

PIERROT.

Tu crois ?... Mais, la sagesse !

ARLEQUIN.

Non, non. Je ne veux pas passer un jour de plus
Ici.

PIERROT.

        Mais si les dieux d'en bas sont résolus
A nous garder.

ARLEQUIN.

        Fuyons : échappons-nous.

PIERROT.

                                        Socrate

Va bien nous mépriser !

ARLEQUIN.

                Tant pis si cela rate.
Essayons de revivre et de nous évader.
Eh ! mais... voici Pluton. Qu'a-t-il à regarder
Par ici ?

SCÈNE V

PLUTON, ARLEQUIN, PIERROT

PLUTON.

Eh ! bonjour. Approchez, chères ombres :
Comment vous trouvez-vous dans mes royaumes sombres ?
N'êtes-vous pas contents d'être logés ici ?

ARLEQUIN.

Cela dépend... Couci, couci.
                    (Pierrot imite les gestes d'Arlequin.)

PLUTON.

D'un mauvais traitement auriez-vous à vous plaindre ?

ARLEQUIN.

C'est Pierrot qui disait qu'il serait doux d'enfreindre
Cette loi qui défend d'aller chez les vivants !

PIERROT.

Arlequin me disait : « Nous serions plus contents
Si... »

PLUTON.

Que vous manque-t-il ?

ARLEQUIN.

Oh ! ma femme !

PIERROT.

Ah ! ma femme

PLUTON.

Comment ! N'avez-vous pas des sens calmés, une âme
Paisible, et satisfaite en vivant parmi nous ?
Ces bois remplis de fleurs ne vous semblent pas doux ?

ARLEQUIN.

Si, mais ça manque un peu...

PIERROT.

                              Colombine s'ennuie
Sans moi...

ARLEQUIN.

Je voudrais voir si là-haut c'est la pluie
Qui tombe, ou le soleil qui brille à pleins rayons.

PLUTON.

Quoi ! vous voulez revivre ? Allons, voyons, voyons,
Mais vous n'y pensez pas... Elle est si loin, la terre !

ARLEQUIN.

Qu'importe !

PIERROT.

Quant à moi, je me sens prêt à faire
Tout le chemin à pied, s'il le faut, mais vivons.

ARLEQUIN.

Oui, vivons.

PLUTON.

Mais ici, mes amis, nous avons
Tout ce qui peut former l'amusement d'une âme :
Des bois, de vieux savants...

ARLEQUIN.

Ah ! ma femme !

PIERROT.

Oh ! ma femme !

ARLEQUIN.

C'est trop...

PIERROT.

Oui, oui, c'est trop.

ARLEQUIN.

C'est trop dur.

PIERROT.

C'est trop dur.

PLUTON.

Je vous croyais pourtant faits d'un esprit si pur.

ARLEQUIN.

Non, non; pas tant que ça.

PIERROT.

Non, non. Moi, j'imagine
Le bonheur sous ta forme exquise, Colombine.

ARLEQUIN.

Martine, j'en suis sûr, doit tant me regretter !

PIERROT.

Moi, je voudrais partir.

ARLEQUIN.

Moi, je veux te quitter.

PLUTON

Oh ! oh!

ARLEQUIN.

C'est mal à toi de nous prendre nos femmes ;
Rends-nous les.

PIERROT.

Oui, Pluton, rends-nous du moins leurs
[âmes.

ARLEQUIN.

Leur corps aussi.

PLUTON.

Doit-on faire cela pour vous ?
Cherchons des précédents : une fois, entre nous,
Les Enfers étonnés ont vu descendre Orphée.

PIERROT.

Colombine peut bien.....

ARLEQUIN.

O Martine, ô ma fée !

PIERROT.

Pluton, fais-les venir.

ARLEQUIN.

Donne-les nous, Pluton.

PLUTON.

Relevez-vous. Je vais passer le Phlégéton
Et présenter votre requête
A Jupiter. La barque est prête.

Si Jupiter consent, je vous ramène ici
Vos deux femmes. Adieu.

ARLEQUIN ET PIERROT, *ensemble*.

Merci, Pluton, merci.

SCÈNE VI

ARLEQUIN, PIERROT.

ARLEQUIN.

Ah ! nous allons les voir !

PIERROT.

Nous allons tout à l'heure
Les embrasser. Mon cher, c'est l'heure la meilleure,
Que j'ai passée ici depuis longtemps. Merci,
Pluton

ARLEQUIN.

Moi, je conserve un reste de souci.
Je désire ma femme, et puis je la redoute.
Pour vivre à ses côtés je sais ce qu'il en coûte,
Et peut-être ai-je tort de tant la regretter.

PIERROT.

Tu le disais pourtant : Nous ne pouvons rester
Sans femmes.

ARLEQUIN.

Je l'ai dit. Mais maintenant je pense
Que ces bois sont bien beaux, et bien doux ce silence :
Les gueuses vont venir nous troubler tout cela.

PIERROT.

Mais tu disais tantôt.... rappelle-toi, Voilà
Que tu dis maintenant, Arlequin, le contraire.

ARLEQUIN.

Toi-même tu disais...

PIERROT.

Oh ! moi, j'ai mon affaire ;
« Misérable, dirai-je, est-ce ainsi que ... »

ARLEQUIN.

Non, non.

PIERROT.

Mais si.

ARLEQUIN.

Mais non.

PIERROT.

Mais...

ARLEQUIN.

Non. Il faut hausser le ton.

PIERROT.

Dans les plaines de l'air mon regard les découvre.
Je les vois s'approcher. Déjà l'enfer s'entr'ouvre.

ARLEQUIN.

Moi, d'abord, je suis prêt à me faire obéir.

PIERROT.

Moi,... Nous leur offrirons tous les deux de mourir.

SCÈNE VII

MARTINE, COLOMBINE, PIERROT, ARLEQUIN.

COLOMBINE, *dans la coulisse.*

Martine ! On n'y voit plus. L'air me manque. Martine !
Ah ! Martine, j'ai peur !

MARTINE.

Je tremble, Colombine.
Quelle chute, grands dieux! Ma chère, où sommes-nous?

COLOMBINE.

On sent de longs bras froids qui s'accrochent à vous,
Sur des corps tout gonflés je trébuche et je glisse.

MARTINE.

Nous allons nous trouver au fond d'un précipice,
Tu vas voir. Au secours!

COLOMBINE.

Je meurs.

MARTINE.

Grâce. Pitié!

COLOMBINE.

Je suis déjà morte à moitié!
Dans du noir et du gris je patauge et j'enfonce.

MARTINE.

J'ai beau crier. Pas de réponse !
Au secours ! au secours ! De l'air ! Pitié ! De l'air !

COLOMBINE, *entrant en scène.*

Nous devons être dans l'enfer.
Vois cette ombre là-bas qui s'agite et qui danse.

MARTINE.

Et là, ce spectre qui s'avance !
Grâce ! Pardon ! pardon !

COLOMBINE.

Mon mari !

MARTINE.

Nos maris !

SCÈNE VIII

ARLEQUIN, COLOMBINE, MARTINE, PIERROT.

ARLEQUIN.

Bon Dieu ! quel vacarme ! quels cris !
Allons, du calme, mes poulettes !
Ne tremblez plus ainsi. Vous êtes
Dans les bras entr'ouverts de vos jeunes époux.

MARTINE.

Comment, Pierrot, c'est toi ?

COLOMBINE.

Pauvre Arlequin, c'est vous !

ARLEQUIN.

C'est ta femme, Pierrot. Vois comme elle est charmante.

PIERROT.

Oui, je me sens pour elle une amour violente.
Colombine !

ARLEQUIN.

Non, non. Laisse-moi leur parler :
Je sais bien mieux que toi comment les consoler.

(*A Martine.*)

Martine, renonçons à notre ancienne guerre :
Je me sens un désir violent de te plaire,
Allons, reste avec nous. Tu consens ? Oui. C'est dit,
Comment pouvais-tu vivre, ayant autant d'esprit,
Avec Valère, un gueux... Ah ! ces hommes d'épée !
Je te caresserai, t'aimerai, ma poupée.

MARTINE.

Ah ! pendard ! tu voudrais ici nous retenir !

COLOMBINE.

Vivre près de deux morts, quel aimable avenir !
Comme c'est gai !

MARTINE.

Toujours revoir ces pâles têtes !

COLOMBINE.

Quel plaisir de baiser des lèvres violettes !

ARLEQUIN, *à Colombine*.

Mais nous ne sommes pas encor morts tout à fait
Nous parlons.

MARTINE.

Oui c'est vrai. Vous parlez en effet,
Mais ton parler, coquin, sent les Pompes funèbres.

COLOMBINE.

Mon teint se gâterait bien vite en ces ténèbres.

MARTINE.

Brigand, tu n'as rien d'autre alors à nous offrir ?

ARLEQUIN.

Non, la vie est un mal dont il faut se guérir.

MARTINE, *à Pierrot.*

Vous, ne me touchez pas !

COLOMBINE.

Ah ! j'ai cru qu'une bête
Ici me chatouillait dans le creux de la tête :
J'ai peur. Va t'en, va t'en.

MARTINE.

Colombine, ils ont l'air
De fantômes.

COLOMBINE.

C'est vrai !

MARTINE.

Plus une once de chair
Sur les os ! Ah ! mon Dieu, comme c'est drôle, un homme.

COLOMBINE.

Dire que c'est pour eux qu'Ève a mangé la pomme
C'est farce !

PIERROT.

Mon amour, laisse-moi t'approcher.

MARTINE.

Vous voulez près de nous, les morts, vous réchauffer.
Faut-il par des chansons bercer votre humeur noire ?

CHANSON

COLOMBINE.

Ah ! mes amis ! que vous êtes défaits !

MARTINE.

Arlequin, si pâle est ta face !

COLOMBINE.

Vraiment, que voulez-vous qu'on fasse
De deux amoureux ainsi faits?
Pierrot que te voilà changé,
Toi que j'ai là-haut vu si leste!

MARTINE.

De toi voilà tout ce qui reste :
Ah! le vilain mari que j'ai!

COLOMBINE.

Crois-tu vraiment que ce sont nos maris
Ces messieurs au pâle sourire ?

MARTINE.

Arlequin savait si bien rire :
Je l'aimais mieux, les soirs qu'il était gris.

COLOMBINE.

Pierrot jadis avait de si beaux yeux,
Et sa moustache était si fine.

MARTINE.

Ah! sur la terre on était vraiment mieux :
Il y fait plus chaud, Colombine.

PIERROT.

Colombine ! sentir ton haleine et la boire !

MARTINE.

Oui, compte là-dessus.

    (*À Colombine.*)

                  Laissons ces sacripants.
Je ne suis pas d'humeur à me plaire longtemps
Près d'eux. Mais il faudrait... Comment leur faire croire
Que nous restons ? Tâchons d'inventer quelque histoire.
Si je les envoyais... Mais ils ne voudraient pas
Se charger... ou bien si... Dieu ! dans quel embarras.
Nous sommes... J'ai trouvé...

    (*À Pierrot et à Arlequin.*)

                  Allons. C'est dit, les hommes !
Nous restons avec vous... toutes les deux... Nous sommes
Prêtes à faire encor un long bail avec vous.

    (*À Pierrot.*)

Mais toi, va donc chercher Pluton. Dis-lui que nous
Voulons rester ici. Marche. Je vais te suivre.

    (*À Arlequin.*)

Toi, va dire à Caron que, ne voulant plus vivre,
Nous ne passerons plus le fleuve désolé.

S'il te tendait la main, refuse ; il est payé.
Nous, pendant ce temps-là, chassant les rêves sombres,
Nous allons essayer de nous mêler aux ombres.
Va-t'en. Nous attendons ici votre retour.

SCÈNE IX

MARTINE, COLOMBINE

MARTINE.

Eh bien, ma chère enfant, tu vois ! Tel est l'amour
Des hommes ! Tout pour eux ! Rien pour nous. C'est risible.

COLOMBINE.

Mais tu le leur rends bien. Moi, je suis plus sensible,
Et Pierrot me faisait de la peine vraiment.

MARTINE.

C'est pourquoi tu voulus Arlequin pour amant !
Non, trêve de pitié pour ces brigands, ma chère.

Le seul bonheur, crois-le, c'est de vivre, de plaire,
De rire, de chanter, d'être belle, d'aimer.
Lorsque l'on a vingt ans, il faut se parfumer,
Apprendre des chansons, faire tourner des têtes.
Soyons femmes. Soyons séduisantes, coquettes,
Enflammons l'univers tout entier par nos yeux,
Et laissons se morfondre ici ces ennuyeux.
Mais vois donc... Deux vieillards. Ils s'en viennent sans
                                                    [doute
De la part de Pluton. Demandons-leur la route
Pour nous enfuir.

SCÈNE X

PLATON, SOCRATE, COLOMBINE, MARTINE.

PLATON.

Voyez, Socrate : Devant nous
Deux ombres !

SOCRATE.

La plus grande a le visage doux :
Parlons-leur. Elles ont le sourire des femmes.

PLATON.

Rapprochons-nous un peu de ces fantômes d'âmes !

COLOMBINE.

Des vieux ! Qu'ils ont l'air bon ! Nous allons rire un peu.

PLATON.

Est-ce depuis longtemps qu'en ce grand pays bleu
Vous vivez? Quels étaient vos deux noms sur la terre ?

COLOMBINE.

Colombine, Monsieur.

MARTINE.

Martine, pour vous plaire.

SOCRATE.

Comment vous trouvez-vous, mortes, parmi les morts?

COLOMBINE.

Mortes? Non, Dieu merci, nous sommes bien deux corps
Vivants.

MARTINE.

Nous ne faisons qu'une courte visite
Ici, pour rire un peu de nos maris, et vite
Nous retournons là-haut.

PLATON.

Est-ce vrai? vous vivez!

COLOMBINE.

Vous en doutez encor !

MARTINE.

Rien n'est plus vrai. Tâtez :
Tenez, voici mon bras. Le sang chaud y afflue.
Et Colombine donc, n'est-elle pas joufflue,
Rose, fraîche, dodue à tenter même un mort.

SOCRATE.

Pourtant jamais vivant ici...

COLOMBINE.

       Vous avez tort,
Bons et chastes vieillards, de nous traiter en ombres.
Mais, Martine, dis-moi, ai-je donc l'air si sombre?
Je fais peur. Près de moi l'on est grave à présent.

MARTINE.

Je vis si bien que j'ai Valère pour amant.

PLATON.

Valère!

COLOMBINE.

Moi, monsieur, j'ai pour ami Valère.

SOCRATE.

C'est vrai : leur œil est vif et leur prunelle claire.
Elles n'ont pas l'air mort. Les mortes ont les yeux

Plus froids, plus doux aussi, un air plus sérieux.

(Socrate touche le bras de Colombine.)

Chaude, sur ma parole ! Elle est tiède et vivante !

PLATON.

Comme leurs yeux sont beaux ! Que leur bouche me tente !
Et dans leur rire frais quel accent de gaieté !

SOCRATE.

Oui, même mort, il faut honorer la beauté !
Ah ! n'étaient la sagesse et la philosophie,
Je les adorerais. Comme c'est beau, la vie !

SCÈNE XI

PIERROT, ARLEQUIN, SOCRATE, PLATON

PIERROT.

Pluton va revenir. Oh ! regarde, Arlequin :
Nos femmes près des vieux.

ARLEQUIN.

                    Socrate est un coquin.
Je m'en vais lui sauter à la gorge et le battre.

PIERROT.

C'est drôle ! Nous voilà repincés tous les quatre !
Eux aussi !

ARLEQUIN.

Je m'en vais les assommer de coups

PIERROT.

Non mon cher, calme-toi. Il convient d'être doux.
Chez les morts, il le faut.

ARLEQUIN.

                    Ah ! je perds patience.
Attends, Socrate, attends.

PIERROT.

                    Tu troubles le silence
Par tes cris. Souviens-toi. Nous sommes morts tous deux.

ARLEQUIN.

Quoi! je ne pourrai pas tomber sur ces deux vieux!

PIERROT.

Non. Ce n'est pas permis dans le funèbre empire.

ARLEQUIN.

Mais, vraiment, c'est trop fort.

PIERROT.

                  Désole-toi, soupire,
Pleure, gémis tout bas. Tout cela t'est permis.
 Mais nous devons traiter ces messieurs en amis.
Ne les dérangeons pas. Éloignons-nous, modestes.

ARLEQUIN.

Quoi! deux graves vieillards parler à ces deux pestes,
Leur sourire des yeux, vouloir les cajoler!

PIERROT.

Morts, nous devons sourire et nous laisser voler.

ARLEQUIN.

Non, non; le peu qui reste en mon bras froid de vie
Va me servir.... Va-t'en, Pierrot.... J'ai bien envie
De leur faire sentir à tous deux mon bâton ;
Attendez, mes amis.....

PIERROT.

Oh! vois... Pluton.

ARLEQUIN.

Pluton!

SCÈNE XII

PIERROT, ARLEQUIN, PLUTON, COLOMBINE,
MARTINE, SOCRATE, PLATON,

PLUTON.

Ça tout doux, Arlequin! Laissez là votre batte
En place... Bien, fort bien. Laissez en paix Socrate.

Les Enfers frémiraient d'un spectacle pareil.

(A Colombine et à Martine.)

Je reviens à l'instant des pays du soleil.
Et mon ombre a passé, rapide, sur la terre.
Ce qu'on y fait ? Ah ! c'est bien drôle, un sieur Valère
Vient tantôt d'enlever deux femmes dans ses bras.

COLOMBINE.

Valère !... Allons-nous en.

MARTINE.

     Ne nous retenez pas,
Pluton. Je veux aller consulter un notaire.

COLOMBINE.

J'aurais dû m'en douter. Le pauvre homme, ma chère,
Disait qu'on ne peut vivre en se passant de nous.

MARTINE.

Il a dû tant pleurer. Pluton, remmenez-nous
Avant qu'il aime, autant qu'il m'aimait, ces deux femmes.

COLOMBINE, *à Martine*.

Je te l'avais bien dit. Les hommes n'ont pas d'âmes.
        (*A Pluton.*)
Vite, reportez-nous, Pluton, auprès de lui.

PLUTON.

Vous voulez repartir ?
(*Les deux femmes font oui, de la tête, en même temps.*)
                    Puisqu'il en est ainsi
Quittez-nous. Ces messieurs sauront ce que je pense
De vous dans un instant. Une trop longue absence
Rendrait, vous l'avez dit, Valère malheureux.
Embrassez vos maris.

PIERROT.

                    J'ai des pleurs dans les yeux ;
Adieu, perfide, adieu !

ARLEQUIN.

Bon voyage, Martine !

PIERROT.

Ainsi, tu ne veux plus vivre ici, Colombine !

ARLEQUIN, *à Martine*.
Ah ! gueuse ! tu repars ! Tu me laisses ici.
(*Pluton fait un signe aux deux femmes qui s'éloignent
      lentement.*)

PLUTON.

Allons ! résignez-vous. Qu'y faire ? C'est ainsi.
Les maris ont toujours tort auprès de ces dames.
          (*Pierrot baisse la tête. Arlequin montre le poing.*)
Ne vous désolez pas. Ces êtres n'ont pas d'âmes ;
N'est-ce pas, les savants ?

PLATON.

                              Non. Elles n'en ont pas.

PLUTON.

Vous voyez bien ! L'amour, mes amis, ne vaut pas
Que l'on gémisse tant, que l'on se tarabuste

Si fort. L'amour est sot, volage, lâche, injuste.
L'amour est un bandit ; la femme a tous les torts
Et ne doit plus venir inquiéter les morts.

PIERROT.

Moi, je donnerais tout pour que l'on m'aime encore.

ARLEQUIN.

Que l'on t'aime ! Eh bien, moi, la femme je l'abhorre.
Non, non, plutôt toujours renoncer au soleil
Que de revivre auprès d'un animal pareil.
De la femme, Pierrot, voilà ce que je pense.

PIERROT.

L'éternité, c'est long ! c'est bien froid, le silence !

SCÈNE XIII

PIERROT, ARLEQUIN, PLUTON, SOCRATE, PLATON.

PLATON.
(Il regarde Arlequin et Pierrot l'un après l'autre.)

Ah ! s'ils te connaissaient, Diotime, ces fous
Admireraient enfin la femme, comme nous !

ARLEQUIN.
Diotime ? Sais-tu, Pierrot, ce qu'il veut dire ?

PLATON.

Tu les apaiserais par ton divin sourire ;
Tu rasséreuerais ces pauvres égarés.
S'ils te voyaient passer, tes beaux cheveux dorés
Retombant tout autour de ton charmant visage,
Même cet entêté là-bas deviendrait sage.
Diotime, c'était la grâce et la vertu :

C'était le bien, d'un corps délicat revêtu,
Diotime ! c'était la femme douce et bonne.

PIERROT.

C'était sa bonne amie, à ce vieux !

ARLEQUIN.

                    Il m'étonne !
        (*Apparition de Diotime, au fond du théâtre.*)

PLATON.

Oh ! la voici là bas qui s'avance vers nous.

SOCRATE, *à Diotime.*

Diotime, c'est vous qui calmerez ces fous
Qui, sachant mal aimer, n'ont désiré des femmes
Que leur corps. Dites-leur qu'il est aussi des âmes,
Qu'il faut les deviner et les apprivoiser.
Dites-leur que l'amour, ce n'est pas le baiser,
Ni le désir ardent, mais que c'est plus encore.
Dites-leur ce qui fait que chacun vous adore,
Et vous connaissant bien ne peut vous oublier.
Dites-leur de céder et de s'humilier

Docilement devant vos grâces tout puissantes,
Et leurs âmes plus tard enfin reconnaissantes
Vous devront de goûter toute la vérité.
Nous avons tous besoin de t'écouter, Beauté,
Qui seule, lorsque tu le veux, peux nous instruire.
Parle à ces deux enfants. Que ton grave sourire
Leur dise de l'amour la pure et noble loi,
Et nous, nous resterons inclinés devant toi.

DIOTIME, *chantant.*

Amour, tourment divin, frisson mystérieux,
C'est ton souffle puissant qui fait grandes les âmes.
Nous ne comprenons pas nous-mêmes, nous, les femmes,
Tout le trouble charmant que font naître nos yeux.

Amour, divine sympathie,
Tu peux transfigurer les âmes à jamais ;
Tu fais songer un songe frais,
Tu remplis de bonheur l'âme qui t'a sentie.

Amour, devant ton noble autel
Il faut s'agenouiller, grave, comme en un temple.
Amour, c'est le regard d'un Dieu qui te contemple,
Et qui t'a vu passer en demeure immortel.

IMP. NOIZETTE, 8, RUE CAMPAGNE-PREMIÈRE, PARIS.